새생명 전도/새신자 교육 시리즈 7 단계

과연 하나님은 존재하는가?

KB217481

새생면 전도/교육 소책자 시리즈 07

과연 하나님은 존재하는가?

초   판 | 제 1쇄 2007.08.20
개정증보판 | 제 1쇄 2012.06.15

지은이 | 정성민
펴낸이 | 정성민
펴낸곳 | 푸른초장

등록번호 | 제387-2005-00011호(2005년 5월 17일)
소재지 | 경기 파주시 광탄면 분수리 350-3번지
TEL 031) 947-9753 (푸른초장), 010-6233-1545
출판유통 | 하늘유통 031) 947-7777, FAX 031) 947-9753
인쇄처 | 예원

책값은 뒤표지에 있습니다.
ISBN 978-89-92817-42-4   03230

독자의 의견을 기다립니다.
sungjeong@hotmail.com

과 연 하 나 님 은 존 재 하 는 가 ?

DOES GOD REALLY EXIST?

새로운 신자를 위한 전도와 교육을 위해 새생명전도 10단계 시리즈를 출간하지 벌써 5년이 되었습니다. 그동안 많은 목회자를 통해서 이 책이 새신자의 전도와 교육을 위해서 유용하게 사용되어지고 있다는 소식을 접하였습니다. 정말 이 책을 사용하여 주시는 하나님께 감사할 따름입니다.

본래 비신자들에게 복음을 전하기 위해 쓰여 진 [예수! 그가 다가온다]와 초신자들에게 기독교 신앙을 쉽게 설명해주기 위해 쓰여 진 [예수! 그를 만나다]를 통합하면서 새신자전도와 교육을 위한 10단계 시리즈를 만들게 되었습니다. 각각 주제에 맞는 부분들을 두 권의 책에서 뽑아서 10권의 소책자를 아래와 같이 구성하게 되었습니다.

　많은 분들이 인터넷 서점 독서평을 통해서 말씀해주신 대로 이 소책자 시리즈는 비신자들이 지니고 있는 기독교에 대한 의구심을 객관적으로 설명하였습니다. 또한 각각의 주제를 소책자 분량으로 편집하여 책을 읽는 즐거움을 더하였습니다.

　이 소책자 시리즈는 신앙의 기초가 약한 성도들에게도 체계적인 교리를 가르쳐주기에 새신자들을 위한 성경공부 안내서가 될 것입니다. 다음으로 다양한 주제를 다루고 있기에 비신자들의 진리에 대한 갈망을 해소 시켜줄 수 있습니다. 그래서 태신자 전도, 오이코스 관계전도, 그리고 알파코스와 같은 전도를 위한 다양한 프로그램이나 세미나에 유용한 책자가 될 수 있습니다. 아니면 대학부나 청년부 성경공부 교재로도 쓰일 수도 있음을 기억해주시길 바랍니다.

독자들의 이해를 돕기 위해 인터넷 서점 인터파크에 올려 진 소책자에 대한 서평 하나를 소개해드립니다.

이 책은 소책자입니다. 크기도 작습니다. 분량이 적습니다. 그래서 아마 읽기 전에는 내용이 얕거나 부실 할 것으로 생각이 될 겁니다. 그러나 예상과 달리 내용은 상당히 좋습니다. 깔끔합니다. 핵심만 분명히 전합니다. 이 책(소책자 시리즈 4권)에서는 악의 문제를 잘 다루고 있습니다. 악의 문제에 대해 간결하게 핵심만 다룹니다. 그와 관련된 의심을 명쾌히 정리하고, 답변 해 줍니다. 시리즈의 제목은 '새생명 전도 시리즈' 라서 내용이 새신자 수준에 맞춰져 있을 것이라 예상 될 겁니다. 그러나 시리즈명과는 어울리지 않게 내용이 꽤 심도 있습니다. 그렇다고 많이 깊어서 이해하기 어려운 건 아닙니다. 너무 얕지도 않고 딱 좋습니다. 그래서 새신자는 물론 기존 신자도 읽으면 좋습니다. 악의 문제에 대해서 다른 책을 볼 필요 없이 이 책 한 권으로 기본적인 정리를 할 수 있을 것입니다.
[인터파크 서평 중에서]

본 새신자전도 및 교육을 위한 10단계 시리즈는 새생명전도 10단계 시리즈의 개정증보판입니다. 이 개정증보판은 전체적인 내용이 원판과 거의 동일합니다. 하지만 설명이 더 필요한 곳에 좀 더 내용을 보강하였고, 각 권의 마지막 부분에 필요에 따라 부록을 첨부하였습니다. 각 권의 주제와 연관된 방송원고, 설교, 신학적인 글을 추가한 것입니다. 혹시 부록이 부담스럽거나 이해하기가 힘든 분들은 그냥 읽지 말고 넘어가시어도 좋습니다. 본 개정증보판은 책 표지와 내지의 디자인을 새롭게 구성하였습니다.

바라는 것은 이 소책자 시리즈가 한국교회의 부흥과 성숙을 위해 크게 쓰임 받는 것입니다. 마지막으로 이 모든 것을 허락해주신 풍성한 은혜의 하나님께 영광을 올립니다.

"깊도다 하나님의 지혜와 지식의 풍성함이여, 그의 판단은 헤아리지 못할 것이며 그의 길은 찾지 못할 것이로다…. 이는 만물이 주에게서 나오고 주로 말미암고 주에게로 돌아감이라 그에게 영광이 세세에 있을지어다. 아멘." (로마서 11:33, 36)

2012년 3월 20일
저자 정성민 교수

CONTENTS

차   례

1

Stories of the People Who Has Experienced the Living God

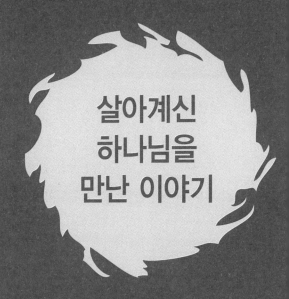

살아계신
하나님을
만난 이야기

　이 세상의 모든 에너지는 소모되어 사라지는 유한한 자원입니다. 아무리 무한한 우주도 그 끝이 있습니다. 그러나 하나님은 무한하신 분으로 시간과 공간에 제한되지 않으실 뿐만 아니라 그의 지식과 능력도 무궁무진합니다. 이렇듯 무한하신 하나님은 참으로 위대하신 분이십니다.

　하지만 그 무한하시고 위대하신 하나님이 우리 인간에게 차가운 분이 아니라는 사실이 매우 의미심장합니다. 그 분은 우리를 사랑하시는 인격적인 분입니다. 하나님은 위대한 무한자이시면서 동시에 인격적인 사랑을 주시는 분이라는 사실이 우리를 감격하게 만듭니다. 어쩌면 당신은 이 사실이 믿기지 않을 수도 있습니다. 그러나 하나님의 사랑을 경험한 사람들은 하나님의 위대하심보다도 그 분의 사랑에 더욱 감격하게 됩니다.

　하나님은 인간과는 전혀 다른 분입니다. 따라서 우리는 인간적인 관점에서 하나님을 이해할 수도 없고 감히 상상할 수도 없습니다. 인간은 무한하신 하나님을 바라보면서 자신의 초라

함을 느낌과 동시에 그 분의 위대하심을 고백하게 됩니다. 구약의 욥은 이렇게 고백합니다.

"우리는 전능자의 권능을 상상조차 할 수 없습니다. 그분은 영광의 빛에 휩싸여 북쪽에서 오시고, 위엄 가운데 임하시지요." (욥 37:23,22)

"저는 정말 무가치한 사람입니다. 제가 무슨 대답을 하겠습니까? 단지 입을 가릴 뿐입니다." (욥 40:4)

하나님과 시간

우리가 하나님의 나이를 묻는다면 그것은 난센스입니다. "하나님은 너무 위대하셔서 우리가 다 알기 어렵습니다. 그분의 연수를 감히 인간이 어떻게 알겠습니까?"(욥 36:26) 실제로 하나님은 시간에 제한을 받지 않으십니다. 그래서 인간의 시간이 하나님께는 적용이 되지 않습니다.

"주님께는 하루가 천 년 같고, 천 년이 하루와도 같습니다." (벧후 3:8)

하나님은 어제도 계셨고 오늘도 계시며 앞으로도 영원히 계실 분이십니다. 성경은 하나님을 "처음이요 마지막"이라고 표현하거나 아니면 "알파와 오메가"로 표현합니다. (계 22:13)

영원하신 하나님은 죽지 않으실 뿐만 아니라 죽음 자체를 초월하십니다. 그러기에 하나님은 시간에 제한되어 죽을 수밖에 없는 우리에게 영원한 생명을 주실 수 있습니다. "우리는 우리가 거하는 땅에 있는 천막집이 무너지면, 하늘에 있는 영원한 집이 우리에게 있다는 것을 압니다. 그것은 사람의 손으로 지은 것이 아니라 하나님께서 지으신 집입니다." (고후 5:1)

하나님과 공간

우리는 생존하기 위해서 어떠한 장소를 소유해야만 합니다. 우리는 매순간 공간을 차지합니다. 우리는 이곳저곳에 동시에 존재할 수 없습니다. 즉 인간은 공간에 제한되는 유한한 존재입니다. 하나님이 어디에 계실까 라고 장소를 묻는다면 그것은 난센스입니다.

"내가 동쪽으로 가도 그 분은 아니 계시고, 서쪽을 돌아보아도 찾을 수 없구나. 그가 북쪽에서 일하실 텐데도, 뵐 수가 없고 그가 남쪽으로 돌이키시나, 그를 뵐 수 없구나."(욥 23:8-9)

하나님은 공간이 있기 전에 이미 계셨기 때문에 어떤 특정한 장소에 국한될 수 없습니다.

하나님이 저 우주 어딘가에 있을 것이라고 상상할 수도 있지만 그것은 착각입니다. 왜냐하면 무한하신 하나님은 공간을 초월하시기 때문입니다. 하나님은 천지에 충만한 분이시기 때문에 우리가 하나님을 피할 장소는 전혀 없습니다.

"내가 주의 영을 떠나 어디로 갈 수 있겠습니까? 내가 주가 계신 곳을 떠나 어디로 도망갈 수 있겠습니까? 만일 내가 하늘 위로 올라간다 해도, 주는 거기 계십니다. 내가 깊은 곳에 눕는다 해도, 주는 거기 계십니다. 만일 내가 새벽의 날개 위에 오른다 해도, 내가 바다의 저 끝 쪽에 자리를 잡는다 해도, 주의 손이 거기서 나를 인도하실 것이요, 주의 오른 손이 나를 굳게 잡으실 것입니다."(시 139:7-10)

하나님은 광대하시어 모든 곳에 편재하고 있는 분이십니다.

따라서 우리는 어디서나 하나님을 만날 수 있습니다. 우리가 어디를 가든지 하나님은 우리와 동행하시고 우리를 도우십니다.

하나님과 지식

하나님의 지혜와 지식은 측량할 수 없습니다. (시 147:5) 그러므로 하나님을 아는 것이 바로 지식의 근본입니다. 참새 한 마리라도 하나님의 뜻이 아니면 땅에 떨어질 수 없습니다. (마 10:29) 심지어 하나님은 우리의 머리털까지 다 세십니다. (마 10:30) 우리 모두는 하나님 앞에서 감출 것이 없는 벌거벗은 자와 같습니다. (히 4:13)

하나님은 우리의 모든 것을 아십니다. "오, 하나님의 지혜와 지식의 부유함은 참으로 깊습니다! 하나님의 판단은 헤아릴 수 없으며, 그 분의 길은 아무도 찾을 수가 없습니다." (롬 11:33) 하나님은 전지하신 분이십니다. 그러하기 때문에 하나님은 매 순간마다 우리에게 무엇이 가장 좋은 것인지와 우리가 어떠한 선택을 해야 하는지를 알고 계십니다. 그러므로 우리는 선택의 순간마다 하나님께 물어보아야 합니다.

"너의 일을 여호와께 맡겨라. 그러면 너의 계획이 성공할 것이다." (잠 16:3)

모든 것을 아시는 하나님이시기에 우리는 하나님께 기도해야 합니다. 우리는 기도를 통해서 전지하신 하나님께 물어야 합니다.

하나님과 능력

하나님은 스스로 원하는 모든 것을 할 수 있습니다. 우리는 이러한 무한한 능력을 가진 하나님을 전능하신 하나님이라고 부릅니다. 하나님 스스로도 자신을 "나는 전능한 하나님이다" (창 17:1)라고 말씀하셨습니다. 하나님의 능력은 우주 만물과 대자연을 다스리시고 인류의 역사를 주관하시는 모습을 통해서 분명하게 드러납니다.

하지만 그 모든 하나님의 능력 중에서 가장 강력한 것은 사람의 인격을 변화시키는 능력입니다. 보잘것없는 인간을 변화시켜 하나님께 영광을 돌리는 귀한 사람으로 변화시키는 하나님의 역사는 참으로 놀랍습니다. (행 9:1-25)

그러나 하나님의 이러한 놀라운 능력에도 분명한 조건이 있습니다. 하나님께서는 자신의 무한한 능력을 오직 바람직한 일들을 행하실 때만 사용하십니다. 만약 하나님이 우리가 개별적으로 원하는 사항들에 대해서 무조건적으로 들어주시며 수많은 기적의 능력을 행하셨다면 우주의 정교한 질서와 지구의 완벽한 생태환경은 벌써 무너졌을 것입니다. 이런 면에서 하나님은 초자연적인 기적을 함부로 행하시지 않습니다.

결국 우리는 하나님의 뜻이나 코드에 맞게 구할 때 그 분의 능력과 기적을 맛볼 수 있습니다.

그렇다면 무한하신 하나님의 실체는 무엇일까요? 이제부터 무한하신 하나님의 실체를 살펴보도록 하겠습니다. 이 세상에는 보이는 것과 보이지 않는 것이 있습니다. 그런데 보이는 것보다 보이지 않는 것이 더 무섭고 강한 법입니다. 눈에 보이지 않는다고 해서 무시하다가 어려움에 직면하게 되죠. 바이러스나 박테리아와 같은 세균들은 정말 무섭습니다. 소나 돼지 그리고 닭과 오리들이 멀쩡히 서 있다가 그냥 풀썩 주저앉습니다.

우리 인간들이 눈으로 보지 못해서 그렇지 예나 지금이나 이러한 무서운 바이러스나 세균들은 항상 우리 곁에 있어왔습니다. 마찬가지로 하나님의 실체는 인간의 육안으로는 보이지 않지만, 태초로부터 우리 인간들과 함께 해 오신 분이 바로 하나님이시며, 하나님은 그 무엇보다 더 강력한 존재입니다.

하나님의 실체는 바로 신비한 영(靈)입니다.

세상에는 인간의 눈으로 보이지 않는 영의 세계가 있습니다. 하나님을 영으로 해석할 때에야 비로소 무한하신 하나님의 모든 비밀을 풀 수 있습니다. 사실 하나님은 영(靈)이시기에 신비한 분이십니다. 하나님은 영이시기에 모든 인간적이고 물질적인 한계를 넘으십니다. 위대하신 하나님은 자신이 창조한 세상 모든 곳에 임재 합니다. 그러므로 하나님의 신성은 온 우주 가운데 충만한 것입니다.

하지만 하나님은 그렇다고 하여 자신이 창조한 세상 안에 갇혀 있는 것은 아닙니다. 하나님은 이 세상과는 구별되는 초월적인 분이십니다. 이사야 6:1-5절에 의하면 하나님은 높은 곳에 홀로 앉아 계시고 천사들로부터 찬송을 받으시는 영광스러운 분이십니다. 하나님은 영이시기에 모든 만물 안에 거하시면서 동시에 만물과는 구별되는 독립적인 존재가 될 수 있는 것입니다.

하나님은 영이실 뿐만 아니라 살아계신 분이십니다. 하나님이 모세에게 "나는 스스로 있는 자이다."(출 3:14)라고 말씀하셨습니다. 스스로 있는 자라는 이름 자체가 하나님은 살아계신 분이라는 사실을 보여줍니다. 성경은 하나님의 살아계심을 단정할 뿐만 아니라 당연시합니다.

어디로 가야하나?

1998년 1월, 군복무를 마치고 다시 미국으로 향할 때 나에게는 가진 것이 아무 것도 없었습니다. 단지 호주머니 안에 들어있는 10만원이 전부였습니다. 미국에 가도 거처할 집이 없었습니다. 왜냐하면 미국 학교의 기숙사가 공사 중이었기에 가을학기에나 들어갈 수 있었기 때문이었습니다. 그래서 아내와 세 명의 자녀들과 함께 가을까지는 꼼짝없이 한국에 머물러 있어야 할 형편이었습니다.

그러나 문제는 한국에 IMF가 터진 상황에다가 목사 안수도 받지 않았던 상태라 한국에 남아있는 것도 힘든 일이었습니다. 고심 끝에 한 가지 방법을 생각한 것이 혼자 미국에 먼저 가 있고 가을에 가족이 뒤따라오는 것이었습니다.

하지만 그것도 해답은 아니었습니다. 내가 군 생활을 하는 동안 떨어져 지냈던 아내와 세 명의 딸들이 이젠 떨어져 살 수 없다는 것이었습니다. 마지막 방법은 무작정 3차 도미 유학이었습니다. 창 12장에 '아브라함이 고향을 떠나, 갈 바를 몰랐더라'는 말씀대로 그냥 비행기에 탔습니다.

미국에 도착하면 단지 하룻밤만 예약되어 있었습니다. 그것은 심부름으로 물건을 날라주는 집의 거실에서 하루를 지내는 것이었습니다. 그리고는 "내일 일은 난 몰라요." 이었습니다. 우리 부부가 할 수 있는 것은 비행기 안에서 하나님께 간절히 기도하는 것이었습니다. "하나님! 어디로 갈까요?"

뭐! 하늘에서 집을 얻어?!

국제 비행기를 타본 사람들은 알 것입니다. 비행기 안에서 지

내는 시간이 마냥 즐겁지만은 않다는 것을 말입니다. 뉴욕까지
장장 14시간의 비행 중 즐거움이란 두 번의 식사와 지루할 정
도로 영화를 보는 것뿐입니다. 그리고 또 있다면 화장실 가는
것입니다. 너무 오래 앉아 있으면 발과 다리가 붓기 때문에 가
끔 걸어 다니려고 화장실에 가곤 합니다. 그날도 나는 너무 무
료하고 힘들어서 화장실에 들락거렸습니다.

그런데 나에게 놀라운 사건이 벌어지게 되었습니다. 화장실
에 왔다 갔다 하는데 어느 키 큰 미국 사람이 한국 아이를 안고
서 있었습니다. 그냥 호기심에 그에게 말을 건넸습니다. 그의
이름은 John 이었고 미국 UPS의 직원이었습니다. 평범한 직장
인인데 한국 아이를 입양하고 고국으로 돌아가는 중이었던 것
이었습니다. 참 좋은 사람이었습니다.

그 후 화장실에 오가다가 또 그와 마주쳤습니다. 나는 그에
게 어디에 사느냐고 물었습니다. 그는 뉴저지 Rockaway라는
도시에 산다고 말했습니다. 그 대답을 듣는 순간 나의 마음은
떨리기 시작했습니다. 왜냐하면 Rockaway는 내가 다니던 학
교에서 30분 정도의 거리에 있었기 때문이었습니다. 혹시나 하
는 마음이 나에게 들었습니다. 나는 그에게 나의 사정을 다 말

했습니다. 정말 절박한 심정이었습니다. 상상해보십시오! 돈도 없이 갈 곳도 없는 5명의 식구가 비행기 안에서 집을 구하였던 상황을 말입니다.

John은 자신의 어머니가 큰 집에서 혼자 살고 계시고, 얼마 전까지도 같이 살 사람을 구하기도 했다고 말했습니다. 그 순간 나의 심장은 멈추는 것 같았다. 하나님께서 우리가 살 집을 여호와 이레로 준비하셨다는 생각이 들었습니다. 뉴욕공항에 도착하여 서로 만나기로 약속하였습니다.

드디어 뉴욕에 도착하였습니다. 살 집이 마련될 것 같은 기분에 뉴욕에 도착하는 나의 마음은 이제 담담해졌습니다. 공항에서 입국 수속을 마치고 짐을 찾았습니다. 그리고 마중 나온 분과 함께 John을 기다렸습니다. 그러나 1시간이 지나고 2시간이 지나도 그는 나타나지 않았습니다. 한숨이 절로 나왔습니다. 막연하고 답답한 심정으로 할 수 없이 하루 밤을 머물 집으로 떠났습니다.

그래도 포기할 수 없었습니다. 비록 밤 11시였지만 체면 불구하고 비행기 안에서 미리 알아 둔 John의 집으로 전화를 했습니다. 그가 나의 전화를 받았습니다. 그는 나에게 한국 아기를 위한 입양수속 절차가 3시간이나 걸렸다고 하면서 사정을 설명했습니다. 그 순간 눈물이 핑 돌았습니다.

우리는 그 다음 날 John의 어머니 집에서 만나기로 약속하였습니다. 다음 날, 설레이는 마음으로 이민 가방 4개를 들고서 전날 밤 재워주신 분의 차로 뉴저지로 떠났습니다.

John과 그의 어머니 Evelyn이 우리를 기다리고 있었습니다. Evelyn은 일본에서도 군 생활을 한 은퇴 여 군인이었는데 우리는 그녀에게 미국의 문화를 제대로 배우게 되었습니다. 기숙사가 마련될 가을 학기까지 우리는 그곳에서 행복하게 살았습니다. 한국에서 무작정 미국으로 떠나면서 나는 내가 당장 어디에서 살지도 몰랐지만 하나님은 미리 아셨고 그리고 예비하셨던 것입니다.

우리는 모든 것을 아시고 계시는 하나님께 기도해야 합니다.

그 분은 우리의 간구에 응답하시는 살아계신 하나님이십니다.

인격적인 하나님

하나님은 그의 피조물과 관계를 나누시는 관계적인 분입니다. 하나님이 세상을 창조하시고 우리와 관계를 맺으신 것은 하나님의 자발적인 선택입니다. 그것은 필요에 의해서가 아니라 하나님의 아가페적인 사랑으로 말미암은 것입니다.

창세기 3장에 보면 하나님께서 아담과 하와에게 찾아오셔서 말씀하십니다. 하나님은 인간과 관계 맺기를 원하시는 인격체이십니다. 따라서 하나님은 우리를 아시고, 느끼시고, 원하시고, 행하십니다. 하나님은 인간과 따뜻한 사랑의 교제를 원하시는 인격적인 분이십니다.

아버지의 사랑을 알면 인생이 바뀐다.

20세기 최고의 여류작가 프랑수아즈 사강은 유복한 가정에서 태어나 프랑스 최고의 대학 소르본 대학에 재학 중이던 18세 때 "슬픔이여 안녕"이란 소설을 발표한 천재작가요 미녀이며 지성인 중의 지성인이었습니다. 그러나 스피드 광증 때문에 교통사고로 여러 번 죽을 고비를 넘겼고, 두 차례의 이혼과 도

박, 알코올 중독, 약물남용으로 비참한 삶을 마감하였습니다. 그녀는 자신을 자학하면서 이러한 말을 남겼습니다. "나는 나를 파괴할 권리가 있습니다."

이와는 반대로 스웨덴의 복음성가 가수 레나 마리아는 두 팔과 한 다리가 없는 선천성 장애인입니다. 그러나 그녀는 건강한 영혼을 소유하였습니다. 자신의 모습에서 하나님의 놀라우신 창조의 섭리를 깨달았고 감사했습니다. 그녀는 장애인 올림픽의 수영 4관왕이며 세계적인 복음성가 가수로 선교적인 사명에 불타고 있습니다. 그리고 미남 청년과 결혼하여 아름다운 가정을 이루어낸 행복한 여자이기도 합니다.

무엇이 그녀를 절망에서 건져내어 이렇게 희망찬 삶을 살게 한 것일까요? 그것은 바로 그녀가 하나님의 놀라우신 사랑을 경험하였기 때문입니다. 하나님은 예수 그리스도를 통해서 사랑의 절정을 보여 주십니다. 누구든지 예수를 믿고 나면 하나님의 사랑을 알게 됩니다.

예수 그리스도를 통해 하나님의 인격적인 사랑을 경험한 사람은 그 인생이 달라집니다. 절망이 변해 희망이 샘솟습니다.

"무거운 짐을 지고 지친 사람은 모두 나에게 오너라.
내가 너희를 쉬게 할 것이다." (마 11:28)

1. 하나님은 어떤 분이신가?

2. 하나님의 실체는 무엇인가?

3. 하나님은 인격적인 분이신가?

4. 당신은 인격적인 하나님을 경험하였는가?
   그렇다면, 한번 나누어보라.

2

Does God Really Exist?

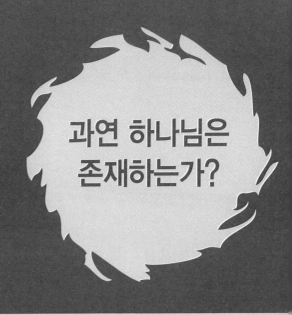

과연 하나님은 존재하는가?

우리는 왜 태어났는가?

과연 신은 존재하는가?

하나님은 없다? -무신론의 성장배경

하나님은 우주론적으로 증명될 수 있습니다.

하나님은 목적론적으로 증명될 수 있습니다.

하나님의 존재는 도덕적으로 요청됩니다.

하나님의 존재는 역사적으로 증명될 수 있습니다.

기적과 같은 특별한 사건에 의해 하나님의 존재는 증명될 수 있습니다.

대다수의 사람들은 자신이 왜 이 세상에 태어났는지를 알지 못합니다. 그래서 사람들은 자신이 이 세상을 왜 살아가야 하는가에 대한 질문, 즉 '존재의 이유'나 '존재의 목적'을 묻는 질문을 곧잘 하곤 합니다. 필자는 중고등학교 시절에, 학교 다니며 공부하는 것이 힘들었습니다. 그래서 저는 저의 어머니에게 원망스러운 질문을 하고 말았습니다. "엄마! 왜 절 낳으셨어요?" 저의 갑작스럽고 반항적인 질문에 어머니는 아무 대답을 못하셨습니다. 이제 저도 어엿한 부모가 되어 세 명의 자식을 두고 있습니다. 아마 언젠가는 저도 똑같은 질문을 받을지 모르겠습니다.

자신이 태어난 목적을 알지 못할 때 인간은 방황하게 됩니다. 왜냐하면 삶을 산다는 것이 그렇게 재미있고 유쾌한 일만은 아니기 때문입니다. 정말 인생 여정이 고생길인 것은 분명합니다. 이 땅에 두 발을 디디고 사는 한은 먹고 사는 문제가 우선적 과제일 것입니다. 그런데 먹고 사는 문제가 없는 사람은 또 다른 문제로 시달리게 되어 있습니다.

따라서 우리는 이 고통스러운 세상을 살아가야 할 이유를 밝혀야 합니다.

"도대체 우리는 왜 태어났는가?"

우리가 묻는 궁극적인 질문은 하나님의 존재에 대한 질문으로 이어질 수밖에 없습니다. 만약 하나님이 살아 계시다면 우리가 이 세상에 태어난 것은 어떠한 의미와 목적이 있을 것입니다. 그러나 만약 하나님이 존재하지 않는다면 우리가 이 힘들고 어려운 세상을 고통스럽게 살아갈 필연적인 이유를 찾기는 어려울 것입니다. 그야말로 죽지 못해 산다는 푸념을 입에 달고 사는 수밖에 없겠지요.

과연 신은 존재하는가?

실존철학자들은 인간은 이 세상에 우연히 던져진 존재이기 때문에 삶은 아무런 의미나 가치가 없다고 말합니다. 이 실존철학에는 신의 죽음을 외친 니체의 절망감이 들어 있다고 볼수 있습니다. 이 비장한 절망감이 2차 세계대전 후 폐허 속에서 고민하던 젊은이들의 가슴을 파고들었던 것입니다. 그래서 이들은 자신들의 삶은 아무런 목표도, 의미도, 가치도 없다고 생각했습니다. 이들은 단지 인간의 자유를 외치면서 자신들의 인생을 개척해 나가야 한다는 목표 외에는 신에 대한 믿음이나 존중 같은 것은 없었습니다. 그리고 인생을 개척해 나가는 것은 하나님의 뜻이 아니라 전적으로 자신들의 의지에 달려있다고 생각했습니다. 마치 백지 위에 그림을 그리듯 자신의 삶을 자기 스스로 만들어 가야 한다는 생각이 젊은이들의 마음에 가득하였습니다.

하나님은 없다? – 무신론의 성장 배경

첫째, 종교개혁의 영향

1517년 시작된 루터의 종교개혁은 타락한 중세교회의 권위를 무너뜨렸습니다. 중세 가톨릭교회는 성경의 말씀에서 벗어난 여러 행위를 서슴지 않고 했습니다. 가톨릭교회는 교황을 숭배하였고, 성모 마리아를 숭배하였습니다. 이들은 인간의 죄를 용서해주는 면죄부까지 팔았습니다. 면죄부를 돈을 주고 사면 죄를 용서받고 천국에 갈 수 있다는 것이었습니다. 이러한 면죄부의 판매는 우리의 죄를 대속하기 위해 십자가에서 피를 흘리신 예수님의 공로를 무시하는 것을 의미했습니다.

어떻게 이러한 성경에서 벗어난 일들이 당시에 가능했을까요? 그것은 중세 가톨릭교회가 공부를 많이 한 성직자들만 읽을 수 있는 라틴어로 된 성경만을 인정하고 일반인들은 성경을 읽을 수 없었기 때문이었습니다. 그리하여 루터, 칼빈, 쯔빙글리와 같은 종교개혁자들은 가톨릭교회가 성서로 다시 돌아오길 원했습니다. 인간의 선한 행위나 돈으로 구원을 얻는 것이 아니라 성경에 나와 있는 대로 예수님을 의지하는 믿음으로 구원을 받아야 한다는 것을 가르쳤습니다.

종교개혁자들은 성경을 각 나라의 언어로 번역하기 시작하였습니다. 당시에 가톨릭교회는 라틴어 성경만을 거룩하다 생각하였습니다. 이러한 분위기 속에서 그 누구도 감히 성경을 번역할 수 없었는데, 종교개혁자들은 목숨을 걸고 성경을 자국어로 번역하였던 것입니다. 이때에 루터는 독일어로 성경을 번역하였고, 윌리엄 틴데일은 영어로 번역하였습니다. 그리하여 라틴어를 모르는 일반 성도들도 그들의 모국어로 자유롭게 성경을 읽는 신앙의 자유시대가 온 것입니다. 그리하여 절대적이었던 중세 가톨릭교회의 권위는 서서히 힘을 잃어가기 시작했던 것입니다.

둘째, 현대과학의 발달

현대과학의 문을 연 코페르니쿠스(A.D. 1473-1543)는 지동설을 주장하였습니다. 이는 천동설을 주장하는 중세 가톨릭교회의 가르침에 반하는 것이었습니다. 그 후로 갈릴레오 갈릴레이(A.D. 1564-1642)가 지동설을 다시 주장하였습니다. 이로 인해 중세 교회의 가르침인 천동설이 붕괴되었습니다. 천동설은 하나님은 하늘에 있고, 사람은 땅 위에 있고, 지옥은 땅 밑에 있다는 중세 교회의 우주에 대한 삼층 구조적인 가르침이었습니다. 천동설의 붕괴로 인해 교회의 권위는 그 뿌리 채 흔들리게 되었습니다. 천동설의 붕괴는 초월적인 하나님의 영역인 하늘의 붕괴를 의미하였습니다. 이로 인해 하늘에 있는 초월적인 하나님을 대리하여 세상을 다스렸던 가톨릭교회의 권위도 무너지게 되었습니다.

종교개혁과 과학의 발전은 중세 교회의 권위뿐만 아니라 하나님의 절대적인 권위조차 위협하게 되었습니다. 중세시기에 과학과 철학은 교회에 종속되어있었는데, 이제는 이들 학문이 종교로부터 독립하여 17-18세기 계몽주의 시대를 열게 되었습니다. 계몽은 "무지를 깨우치는 것"을 의미하였는데, 이러한 계몽주의로 인해 많은 사람들은 하늘의 하나님과 교회의 권위로부터 벗어나 이 땅과 인간에게 관심을 기울이게 되었습니다. 이것이 바로 중세시대에서 현대시대로의 전환을 의미하는 것입니다. 현대시대는 저 하늘 멀리서 이 세상을 다스리시는 하나님의 살아계심을 불신하게 되었습니다. 그리고 자연스럽게 이 세상과 이 세상 속에서 살아가는 인간을 중시하는 인간중심의 시대를 노래하게 됩니다. 현대인들에게 더 이상 하나님은 관심의 대상이 될 수 없었습니다.

이제 현대인들은 신과 하늘보다는 자연과 인간에 대해 커다란 관심을 가지게 되었습니다. 그동안 하나님을 믿으며, 그 하나님의 대리자인 중세교회의 권위아래 시달렸던 사람들은 하나님과 종교로부터의 자유를 선포했습니다. 더 나아가 그 어떠한 진리도 이제는 먼저 의심하고 회의하는 것이 새로운 사유방식으로 각광을 받게 되었습니다. 현대철학의 아버지인 데카르트(A.D. 1596-1650)는 진리를 얻기 위해서는 무엇이든 먼저 의심하는 회의주의를 그 방법론으로 삼았습니다. 이와 더불어 현대과학은 과학적 경험주의라는 방법론을 세웠습니다. 그래서 모든 사건들을 실험과 검증을 통해 받아들이는 실증주의를 따르게 되었습니다. 이로 인해 역사에 대한 해석도 변화되어서 신화와 역사적 사실을 구분하는 역사적 사실주의가 나타나게 되었습니다.

셋째, 계몽주의의 영향

17-18세기의 계몽주의시대는 과학적으로 검증할 수 없다는 신념하에 신을 부정하였으며, 대신 인간들의 합리적인 생각을 우상화하였습니다. 무엇이든지 합리적이지 않으면 거부하게 되었습니다. 종교개혁으로 인해 자유롭게 성경을 읽을 수 있게 된 현대인들은 각자가 기독교 신앙을 평가하게 되었습니다. 종교개혁자들의 도전과 천동설의 붕괴로 인해 중세교회의 종교적 권위가 무너진 위에, 아이러니하게도 인간을 종교로 직접 이끌고자 했던 종교개혁의 산물인 성경번역이 오히려 종교의 권위를 몰락시키는 결과를 부추겼다는 것입니다.

이제 현대인들은 성경의 초자연적인 기적과 사건들을 과학적 실험과 실증에 의해, 합리적이고 이성적인 의심과 회의를 통해, 역사적인 사실과 신화를 구별하는 역사적 사실주의에 입각해 해석하게 되었습니다. 결과적으로 현대인들은 초월적이고 보편적인 하나님에 대한 신앙과 더불어 인간이 되신 하나님, 예수 그리스도에 대한 신앙도 또한 회의와 의심을 통해 불신하게 되었습니다. 그리하여 성경의 초자연적인 기적들(예를 들어, 동정녀 탄생, 예수님의 부활과 승천, 죽은 자를 살리시는 기적 등)은 비과학적이고 비이성적인 사건들로 취급하여 역사적 사실로 받아들이기를 거부하였습니다.

계몽주의 시대로부터 20세기 초, 제1차 세계대전에 이르는 현대 시기는 인간의 미래에 대해 낙관적으로 보는 관점이 융성했던 시기입니다. 그들은 하나님의 도움이 없이도 인간 스스로의 힘으로 이 땅에 유토피아를 건설할 수 있다는 믿음을 소유하게 되었습니다. 이로써 과학을 절대적으로 신뢰하는 과학만능주의와 인간의 이성을 우상화하는 이성적 합리주의가 서로 결합되면서 현대 무신론을 낳게 되었습니다.

현대 무신론의 특징은 초월적인 하나님에 대한 무관심이고, 이 세상과 이 세상에 살아가는 인간들에 대한 지나친 관심입니다. 또한 현대 무신론은 만물과 자연을 하나님과 동일시하는 범신론[1]을 낳았습니다. 세상과 구별되어 세상을 창조하시고 또한 통치하시고 계신 하나님을 부인하고, 그저 세상과 자연 안에 존재하여 세상과 운명을 함께하는 하나님을 주장한 것입니다.

하나님은 우주론적으로 증명될 수 있습니다.

아리스토텔레스는 자연과학적인 이론을 통해 하나님의 존재를 증명하려고 시도했습니다. 우리는 이를 우주론적 증명이라고 말하는데 이 증명들은 자연에 관한 경험적인 관찰을 통해 세계의 배후에 있는 하나님의 존재를 추론하는 방식입니다. 그러므로 우주론적 논증은 하나님이 자연 현상을 통해서 자신을 보여주신다는 이론입니다. 중세 최고의 신학자인 토마스 아퀴나스가 이 우주론적 논증들을 다섯 가지의 경험적인 증명들로 발전시켰습니다.

1) 하나님은 최초의 운동자입니다.

---

1 범신론은 역사를 통해 전통적인 기독교 신학자들에 의해서 강력하게 거부되어 왔다. 범신론은 유한한 세계가 바로 하나님 자신이기에 하나님은 유한하다고 말한다. 범신론은 본질적으로 하나님을 몸으로 또한 세상을 하나님의 몸으로 간주하므로 하나님과 세상을 서로 구별할 수 없게 만든다. 그렇기 때문에 전통적인 신학자들은 모든 다양한 형식의 범신론을 전적으로 거부한다. Thomas C. Oden, The Living God, Systematic Theology I (Peabody: Prince Press, 1998), 89.

모든 사건은 어떠한 운동의 결과라 할 수 있습니다. 이러한 운동은 그것의 원인이 있는데, 이러한 원인은 또 다른 원인으로 소급됩니다. 그러나 이 운동은 자신은 움직이지 않으면서 남을 움직이게 하는 부동의 동자(Unmoved mover)로서의 최초의 운동자를 전제하지 않을 수 없습니다. 이 최초의 운동자가 바로 하나님이라는 것입니다.

2) 하나님은 최초의 원인입니다.

모든 현실적 사물들은 어떤 원인에 따른 결과입니다. 그러므로 원인을 거슬러 올라가다 보면 더 이상 원인을 갖지 않으면서 다른 것의 원인만 되는 최초의 원인을 전제하게 됩니다. 이 최초의 원인이 바로 하나님입니다.

역사를 통해 지금까지 깨지지 않은 유일한 과학법칙이 바로 인과율입니다. 인과율은 모든 결과에는 반드시 원인이 있다는 법칙입니다. 인간과 자연을 포함하는 만물이라는 엄연한 결과물에 대해 그것이 막연히 우연으로 생겼다든지 아니면 그것에 대한 아무런 원인이 없다는 주장은 과학의 가장 근본적인 법칙인 인과율에 위배되는 것입니다. 성경은 우리가 우주의 신비를 통해 하나님의 존재를 부인할 수 없음을 주장합니다.

3) 하나님은 스스로 필연적인 존재입니다.

세계 안에 있는 존재들은 존재할 수도 안할 수도 있는 우연성의 존재들입니다. 그렇다고 본다면 우연적으로 존재한 것들은 그보다 높은 차원의 존재인 필연성의 존재에 그 근거를 둔다고 볼 수 있습니다. 그러므로 자기 존재의 필연성을 자기 자신 안에 가진 존재만이 우주 만물을 존재하게 할 수 있는 것입니다. 이 최초의 필연적인 존재가 바로 하나님이라 할 수 있습니다. 하나님은 세계의 필연성의 원인인 것입니다.

4) 하나님은 최고의 존재입니다.

이 세계의 모든 사물들은 존재의 의미에 있어서 서로 다른 단계들로 질서 있게 형성되어 있습니다. 하나님은 이러한 단계적 질서가 지향하는 가장 높은 선 또는 가치입니다. 또한 하나님은 사물들 속에서 발견되는 상대적인 완전의 토대가 되는 절대적인 완전입니다.

5) 하나님은 궁극 목적입니다.

모든 세계와 자연의 현상들은 질서를 지닙니다. 하나님은 모든 자연적인 사물들을 그들의 목적을 향해 나아가도록 인도하는 분입니다. 이러한 우주론적 증명들은 하나님이 세계의 궁극적인 원인으로 존재하지 않으면 안 된다는 사실을 입증하려는 시도입니다. 또한 자연 세계 현상들의 질서를 유지시키고, 그 모든 현상들의 궁극적인 목적을 불어넣는 어떤 신적인 존재를 전제하지 않으면 안 된다는 사실을 증명하려는 시도입니다.

하나님은 목적론적으로 증명될 수 있습니다.

윌리엄 페일리(1743-1805)는 시계공의 시계를 비유로 하나님의 존재를 증명하려고 시도했습니다. 정밀한 기계인 시계가 시계를 만든 사람의 존재를 증명하듯이, 자연세계의 설계와 복잡한 구성은 그 건축자의 존재를 증언한다는 것입니다. 이에 관해 신약성경의 히브리서 기자는 "집마다 지은 이가 있으니 만물을 지으신 이는 하나님이시라." (히3:4)고 말하고 있습니다.

하나님의 존재는 도덕적으로 요청됩니다.

칸트는 "인간에 의해 증명될 수 있는 하나님은 이미 하나님이 아니다."라고 주장하면서 하나님 존재에 관하여 논리적으로 증명하려는 시도를 비판합니다. 그는 하나님은 논리적으로 증명될 수 있는 분이 아니고 단지 그 존재가 도덕적으로 요청된다고 주장했습니다. 칸트는 인간들은 도덕적인 의무에 대한 인식을 갖고 살아간다고 말합니다. 그러므로 도덕적인 우주 속에서 선한 행위는 보상되어야 하고, 악행은 처벌받아야 한다는 것입니다. 결과적으로 세상은 도덕적인 심판을 가능케 해주는 최고의 존재를 요구한다는 것입니다. 칸트는 하나님은 초월적인 분이므로 우리가 하나님에 대하여 증명할 수도, 알 수도 없다는 불가지론을 주장하면서도 선과 악이 심판되는 질서 있는 도덕 사회가 이루어지기 위해서는 하나님의 존재가 전제되어야 함을 주장합니다.

하나님의 존재는 역사적으로 증명될 수 있습니다.

역사적으로 볼 때에 모든 민족들은 하나님 혹은 신에 대한 나름대로의 생각을 가지고 살아왔습니다. 서로 다른 민족들과 종족들이 하나님의 존재에 관하여 똑같이 느끼고 있었다면 이는 그러한 존재가 실재한다는 증명이 될 수 있는 것입니다.

기적과 같은 특별한 사건에 의해 하나님의 존재는 증명될 수 있습니다.

마지막으로 세상 속에서 벌어지는 아주 특별한 사건들을 통해 우리는 하나님을 증명할 수 있습니다. 기적이나 기도의 응답과 같이 여러 사람들이 공공연하게 목격할 수 있는 특별한 사건들은 하나님의 실재를 증명합니다. 기독교인들이 아닌 일반인들도 태몽 꿈이나 길한 꿈을 통해 절대자의 존재를 느끼게 됩니다. 요즈음 복권이 큰 인기를 끌고 있는데, 당첨자 중에 아주 많은 사람들이 돼지꿈이나 실제 당첨되는 숫자를 꿈을 통해 미리 보는 경우들이 있습니다. 이런 사건들을 간접적이든지 직접적으로 경험하게 될 때 하나님의 존재를 거부하는 무신론자들도 "이 세상에는 그 무엇인가 초월적인 존재가 있다!"라는 생각을 가지게 됩니다.

결론적으로 우주론적이며 목적론적인 증명들은 자연을 통해 경험할 수 있는 사실들을 통해서 하나님의 존재를 입증하려는 이성적이며 합리적인 시도라 할 수 있습니다. 만물을 통해 우리는 창조주 하나님의 신성과 위대함을 느낄 수 있습니다. 하나님이 있느냐 없느냐의 유신론과 무신론의 전쟁 속에서 우주론적 논증은 유신론적 논증을 뒷받침해줍니다. 즉 진화론과 같은 과학적 무신론의 도전에 우주론적 논증은 창조론의 우세함을 보여줍니다. 왜냐하면 우주와 대자연은 하나님의 살아계심과 그의 신성을 보여주기 때문입니다.

1971년에 제임스 어윈이 달나라 여행을 다녀와서 남긴 한 마디 말은 전 세계를 감동시켰습니다. "내가 달나라에 도착하자마자 맨 처음 느낀 것은 하나님의 창조하심과 하나님의 영광스러운 임재였습니다." 우리는 거대한 우주와 신비스런 대자연을 통해 창조주 하나님의 신성과 위대함을 인정하지 않을 수 없습니다.

그러나 자연을 통해 하나님을 아는 것은 한계가 있습니다. 더 나아가 우주론적 논증으로 하나님의 존재를 증명한다고 해도 그 하나님의 사랑을 경험하는 것은 별개의 문제입니다. 단지 자연을 통해 하나님의 살아계심과 그의 신성을 느끼는 것은 무신론이 잘못되었다는 사실과 유신론이 바르다는 것을 보여줄 뿐입니다.

어쩌면 자연을 통해 나타나는 위대한 하나님의 모습은 무서운 하나님일 수도 있습니다. 지진과 해일, 가뭄과 홍수 그리고 암과 같은 질병을 경험하게 되는 사람들은 하나님을 원망하게 됩니다. 바닷가의 모래알처럼 작은 우리들에게 위대하신 하나님, 우주를 다스리시는 하나님은 너무나 무섭고 멀게만 느껴지는 것입니다. 과연 창조주 하나님이 보잘 것 없는 인간을 사랑하실 것인가라는 질문에 우리는 회의적일 수밖에 없습니다. 자연계시를 통해 하나님이 존재한다고 입증된다고 하더라도 하나님이 인간과 무슨 상관이 있는가라는 질문은 아주 자연스러운 것입니다.

하나님과의 인격적인 만남을 통해서만이 사랑의 하나님을 느낄 수 있다면, 그것은 자연을 통한 계시와는 다른 특별한 계시가 요청됩니다. 기독교의 하나님은 자연을 통해 입증되는 보편적이고 우주적인 하나님을 전제로 합니다. 이 보편적인 하나님이 인간 역사 속에서 자신을 특별히 보여주셨다면, 우리는 이를 특별계시라고 부릅니다. 기독교는 예수 그리스도를 통해서 하나님이 자신의 모습을 특별하게 보여주셨다고 믿는 종교입니다.

우리가 예수를 만나게 될 때 하나님을 경험하게 되고, 하나님을 경험하게 되면 하나님의 존재를 확신하게 될 것입니다. 또한 그 하나님이 나를 사랑한다는 것에 대한 증명은 내 자신이 예수를 만났을 때 가능해집니다. 우리가 예수를 만나게 될 때 우리는 "날 사랑하심 날 사랑하심 날 사랑하심 성경에 쓰여 있네."라는 찬송을 부르게 될 것입니다.

1. 과연 하나님은 존재하는가?

2. 신을 부정하는 무신론의 성장배경을 말하여 보라.

3. 과연 하나님의 존재는 증명될 수 있는가?

   만약 가능하다면, 한번 증명해보라.

   만약 불가능하다면, 그 이유를 설명해 보라.

4. 자연계시를 통해 드러난 하나님과 특별계시 (예수 그리스도) 를

   통해 드러난 하나님의 차이는 무엇인가?

16-17세기에 걸쳐 천동설이 약화되고 지동설이 정설로 받아들여지면서 세상을 다스리시는 하나님은 죽었다고 할 수도 없고 그렇다고 해서 살아있다고 할 수도 없게 되었습니다. 그래서 철학자들은 초월적인 하나님에 대하여 우리가 알 수 없다고 주장하였습니다. 이것이 바로 불가지론입니다. 또 다른 철학자들은 하나님은 만물과 우주 안에 갇혀있다고 주장하였습니다. 만물과 하나님을 동일시하여 하나님의 영역을 제한하는 것이 바로 범신론입니다. 현대 무신론은 하나님에 대한 불가지론과 범신론이 결합된 것입니다. 이러한 현대 무신론은 사회학적 무신론, 심리학적 무신론, 유물론적 무신론, 과학적 무신론으로 분화되었습니다.

(1) 실존적 무신론

하이데거와 사르트르와 같은 실존주의 철학자들은 이 세상이 우연히 생겨났으며, 인간들의 출생과 죽음도 우연한 것이라고 주장합니다. 사르트르는, 세상의 창조자로서의 하나님은 우연히 생겨난 세상에서 발생하는 문제를 해결하기 위해 의도적으로 만들어진 것이라고 합니다. 하이데거에 의하면, 인간은 이 세상 가운데 아무런 까닭이 없이 "던져진 존재"입니다. 실존적 무신론은 우연적인 자신의 운명을 탓하면서 자신의 운명을 스스로 통제하려는 도피적 행동인 자살을 정당화합니다. 실존적 무신론은 인간의 삶을 아주 무의미하고 무가치하게 여기어 우리를 허무주의나 염세주의로 이끌어 갈 수 있습니다.

최근 TV 시청자들을 깜짝 놀라게 했던 '얼굴 없는 아이'를 소개하고자 합니다. 세 살배기 이 여아는 미국 플로리다 주의 오렌지 파크에 살고 있는 쥴리애너라는 아이입니다. 이 아이는 위턱과 뺨, 눈구멍, 귓바퀴 등을 구성하는 뼈가 30%밖에 없는 상태에서 태어났습니다. 이처럼 뼈가 제대로 구성되지 않아 '얼굴 없는 상태'가 된 증상을 '트리처 콜린스 신드롬'(Treacher Collins Syndrome)이라고 하는데 의료진은 "쥴리애너의 상태가 지금까지 사례 중 최악"이라고 입을 모았습니다. 아이는 14번의 외과수술을 받았습니다. 앞으로도 최소한 30차례 이상 수술을 받아야 합니다. 그러나 해군에서 근무하고 있는 아이 부모는 "사랑스러운 이 딸은 하나님의 선물"이라며 감사하고 있습니다. 아빠인 톰은 "하나님께서는 인간이 감당할 수 없는 것을 결코 주시지 않는다. 딸은 모든 이에게 보여 줄 많은 것을 갖고 있다."고 말했습니다.

얼굴이 없어도 '선물'이라며 감사하는데 아름다운 얼굴을 선물로 받은 우리가 그 선물을 '가치 없는 상품'으로 여긴다면 얼마나 불행한 일입니까? 기독교인들은 무신론적이며 허무주의적인 생각을 버리고 우리를 향한 하나님의 계획과 목적을 믿으며 행복하고 의미 있는 삶을 살아야 할 것입니다.

(2) 사회학적 무신론

20세기 초에 프랑스의 사회학자 뒤르껭은 "하나님은 사회가 개인의 사고와 행위를 지배하기 위하여 조작해 낸 상상적인 존재에 불과하다."고 주장하였습니다. 뒤르껭에 의하면, 하나님이 인간을 창조한 것이 아닙니다. 오히려 인간이라는 사회적 동물이 사회의 질서를 유지하기 위해 하나님을 창조한 것입니다. 이러한 사회학적 무신론의 문제점은 사회의 범주를 떠나서도 인간들이 그대로 지니고 있는 보편적인 종교적 양심에 대해 설명할 수 없다는 것입니다.

한 소녀가 아버지와 함께 이스라엘 성지순례에 나섰습니다.

그때 한 테러리스트가 쏜 총알이 아버지의 머리를 관통했습니다. 충격을 받은 소녀는 범인을 찾아내 복수할 생각으로 히브리어와 아랍어를 열심히 배웠습니다. 그리고 그 유명한 워싱턴 포스트지의 기자가 되어 이스라엘 근무를 자청했습니다. 그녀는 법원 기록을 뒤져 12년 만에 범인의 소재를 확인했습니다. 테러범의 이름은 오마르 하티브…. "이제 드디어 복수의 기회가 왔다." 그녀는 자신의 신분을 숨긴 채 범인과 가족들을 만났습니다. 그런데 크리스천인 그녀의 마음속에 갑자기 주님의 음성이 들려왔습니다.

"진정한 복수는 그들이 자신의 죄를 회개하게 만드는 것이다. 물리적 복수는 동물적 본능일 뿐이다."

그녀는 자신이 복수하고자 했던 것에 대하여 테러범과 가족들에게 오히려 용서를 구했습니다. 그리고 범인의 가석방을 위해 청원서를 제출하는 차원 높은 사랑을 보여주었습니다. 이 여인이 바로 로라 블루멘펠트, 전 워싱턴포스트지 기자입니다. 사회학적 무신론은 인간의 영혼에 들려오는 초월적인 하나님의 음성을 설명할 수 없습니다. 더 나아가 사회학적 이론은 종교를 단지 자연현상으로만 이해하여 사회를 초월한 양심의 소리를 설명할 수도 없습니다.

(3) **심리학적 무신론**

스위스의 심리학자 프로이드는 종교의 본질에 관하여 정신 심리학적으로 분석하였습니다. 종교는 인간들이 지진, 홍수, 폭풍, 질병, 죽음 등 자연의 위협에 대한 심리적인 방어로 생겨났다는 것입니다. 자연의 위협에 두려워 떠는 인간들이 자신의 상상력을 통해 종교를 만들어냈다는 것입니다. 그러므로 종교란 인간이 이 세계를 환상으로 대하지 않고 실증적이고 과학적인 지식으로 대할 때 스스로 사라질 사회현상에 불과하다는 것입니다.

미국 아이오와 주의 작은 마을 웨스트 브로치에서 일어났던 기적 하나를 소개하고자 합니다. 한 교회학교 교사가 길거리에서 놀고 있는 네 명의 소년을 만났습니다. "애들아, 오늘 너희들에게 아주 중요한 분을 소개해주겠다." 소년들은 교사를 따라 교회에 갔고, 교사는 그들을 위해 성경공부 반을 만들어 열심히 가르쳤습니다. 소년들은 철저한 신앙훈련을 받았고, 장성해서 마을을 떠났습니다. 교사의 은퇴식 날에 식장에 네 통의

편지가 배달됐습니다. 한 통은 중국 선교사, 한 통은 미국 연방 은행 총재, 한 통은 대통령 비서실장에게서 온 것이었습니다. 그리고 마지막 편지봉투에는 '후버'(Herbert Hoover)라는 글씨가 적혀 있었습니다. 미국 제31대 대통령의 이름입니다. 편지에는 이런 글이 적혀 있었습니다. "선생님이 그때 저희에게 가르쳐 준 하나님의 말씀을 통해 역경을 극복하고 있습니다. 감사합니다." 길거리의 네 소년은 예수님을 만난 이후, 미국과 세계를 움직이는 인물로 성장해 있었던 것입니다.

종교는 심리적인 안정을 위해 인간이 만든 것이 아닙니다. 인간은 실제로 살아있는 하나님을 체험하고, 그 종교적 경험을 통해 종교를 살아있게 만드는 것입니다.

(4) 유물론적 무신론

공산주의와 유물론의 창시자인 마르크스는 오직 물질만을 객관적 실재로 인정 할 수 있다고 주장했습니다. 그는 하나님의 살아계심을 부정하였고 영적인 세계도 부인하였습니다. 인간 내면 속에 있는 영원세계에 대한 동경심, 즉 사후 세계에 대한 믿음을 전적으로 부인하였습니다. 결국 유물론은 인간존재

의 의미를 상실하게 만듭니다. 유물론을 주장했던 마르크스의
세 딸 모두 비극적인 최후를 맞이하였는데, 그 중 두 딸의 사망
원인은 다름아닌 자살이었습니다.

유한한 인간의 삶에 하나님의 존재와 영원세계에 대한 희망
이 없다면 참으로 허무하고 절망적인 인생일 것입니다. 유물론
적 무신론은 자신의 삶에 대한 고통을 자살이라는 현실 도피
적인 행동으로 벗어나고자 하는 것을 정당화합니다. 또한 만약
사후의 심판이 없다면 이 세상에서의 도덕적인 선과 악이 아무
런 보상이나 처벌을 받을 필요가 없게 되고, 이로 인해 도덕적
인 "아노미현상"이 초래될 것입니다.

(5) 과학적 무신론

현대과학에 의한 무신론은 세상은 우연히 생겨났고, 모든 생
명체는 진화되었으며, 종교는 과학이 발전함에 따라 언젠가는
없어질 것이라고 주장합니다. 그러나 과학이 극도로 발달한 지
금의 현실을 비웃기라도 하듯 미신적인 신앙이 더욱 강해지고
있는 현상을 어떻게 설명해야 할까요? 요즈음 한국에서 점집들
이 더욱 늘어나고 있습니다. 인터넷과 신문에서는 운세와 점을

보라고 난리입니다. 미국에서 가장 미신적인 신앙이 강한 직업 군 중 하나인 공군 조종사들은 비행기 운행 중에 아내의 속옷을 입고 있으면 안전하다는 미신을 절대적으로 믿습니다. 지금과 같은 초현대과학적인 시대에 이 얼마나 아이러니한 일입니까!

여러분! 하나님은 살아계신 분이십니다.

이제 전도서 기자의 권고를 듣고 창조주 하나님을 기억하고 경외하는 우리가 되었으면 좋겠습니다.

너는 청년의 때에 너의 창조주를 기억하라. 곧 곤고한 날이 이르기 전에, 나는 아무 낙이 없다고 할 해들이 가깝기 전에 해 와 빛과 달과 별들이 어둡기 전에, 비 뒤에 구름이 다시 일어나 기 전에 그리하라.

일의 결국을 다 들었으니 하나님을 경외하고 그의 명령들을 지킬지어다. 이것이 모든 사람의 본분이니라.

하나님은 모든 행위와 모든 은밀한 일을 선악 간에 심판하시 리라. (전도서 12: 1-2, 13-14)

과연
하나님은
존재하는가?

과연
하나님은
존재하는가?

과연
하나님은
존재하는가?

내가 주의 영을 떠나 어디로 가며 주의 앞에서 어디로 피하리이까 내가 하늘에 올라갈지라도 거기 계시며 스올에 내 자리를 펼지라도 거기 계시니이다 내가 새벽 날개를 치며 바다 끝에 가서 거주할지라도 거기서도 주의 손이 나를 인도하시며 주의 오른손이 나를 붙드시리이다 (시편 139: 7~10)

Where can I go from your Spirit? Where can I flee from your presence? If I go up to the heavens, you are there; if I make my bed in the depths, you are there. If I rise on the wings of the dawn, if I settle on the far side of the sea, even there your hand will guide me, your right hand will hold me fast.